AF456508

# VICTOR HUGO

## SA VIE — SON ŒUVRE

Prix : 25 centimes.

# VICTOR HUGO



La Patrie et les Lettres sont en deuil. La France vient de perdre un de ses plus glorieux enfants, l'humanité un de ses plus puissants génies. Victor Hugo est mort aujourd'hui, 22 mai, à une heure et demie de l'après-midi, après avoir vécu quatre-vingt-trois ans et marqué par un impérissable chef-d'œuvre chaque étape, nous pourrions dire chaque année de son incomparable carrière.

Victor-Marie Hugo était né à Besançon le 26 février 1802. Il était fils d'un Lorrain, le général Sigisbert Hugo, mort à Paris en 1828, qui combattit glorieusement en Espagne et fut chargé en 1813 de la défense de Thionville, qu'il ne rendit aux alliés, en 1814, qu'après la chute de l'empereur. La mère de Victor Hugo, fille d'un armateur de Nantes, avait, au dire de l'auteur de *Victor Hugo raconté par un témoin de sa vie*, figuré parmi les Vendéennes royalistes traquées dans le Bocage par les troupes républicaines. Victor Hugo était-il de race noble, comme il l'affirmait, sans se targuer autrement, du reste, de son aristocratique naissance? Il est permis d'en douter. Il paraît à peu près certain que son grand-père était menuisier à Nancy, et que son père n'avait aucune prétention à la noblesse.

Quoi qu'il en soit, voici la copie de l'acte de naissance de Victor Hugo :

« Du dix-huitième jour de ventôse, l'an dix de la République.
» Acte de naissance de VICTOR-MARIE HUGO, né le jour d'hier

à dix heures et demie du soir, fils de Joseph-Léopold-Sigisbert Hugo, natif de Nancy (Meurthe), et de Sophie-Françoise Trébuchet, native de Nantes (Loire-Inférieure); — profession de chef de bataillon de la 20e demi-brigade, demeurant à Besançon — mariés; — présenté par Joseph-Léopold-Sigisbert Hugo. — Le sexe de l'enfant a été reconnu être mâle

» Premier témoin: Jacques Delelée, chef de brigade, aide-de-camp du général Moreau, âgé de quarante ans, domicilié audit Besançon.

» Second témoin: Marie-Anne Dessirier, épouse du citoyen Delelée, âgée de vingt-cinq ans, domiciliée à ladite ville.

» Sur la réquisition à nous faite par le citoyen Joseph-Léopold-Sigisbert Hugo, père de l'enfant.

» Et ont signé: Hugo, Dessirier, épouse de Delelée, Delelée.

» Constaté suivant la loi par nous, Charles-Antoine Seguin, adjoint au maire de cette commune, faisant les fonctions d'officier de l'état-civil. »

L'éducation de Victor Hugo fut telle qu'elle devait être, si l'on considère que sa mère était royaliste et catholique fervente et que son père courait les champs de bataille. A peine âgé de six semaines, il faisait son premier voyage, allant de Besançon à Marseille, puis il suivit son père en Corse, à l'île d'Elbe. A l'âge de trois ans, il rentra à Paris avec sa mère qui commença sa première éducation. En 1807, Mme Hugo avec ses enfants (Victor était le troisième) rejoignit son mari en Italie et y séjourna quelque temps. En 1808 le père de Victor Hugo, devenu colonel, était envoyé en Espagne et Mme Hugo revenait à Paris, où Victor Hugo passa à côté d'elle trois années, dans cette maison des Feuillantines qu'il a immortalisée dans ses poésies.

Victor Hugo fit encore, avec sa mère, en 1815, un voyage en Espagne où son père, promu général, commandait les provinces d'Avila, de Ségovie et de Soria. Il fut placé au collège des nobles avec son frère Eugène, tandis que son autre frère Abel était page du roi Joseph. Mais en 1812, Mme Hugo revint de nouveau en France avec Victor et Eugène, et ceux-ci achevèrent leur éducation classique sous un vieux maître, M. Larivière, qui déjà, de 1808 à 1811, leur avait enseigné les premiers éléments du latin. En même temps que Larivière, un proscrit, le général Lahorie, réfugié dans la maison des Feuillantines, avait collaboré à l'éducation du jeune Victor.

Parvenu à l'âge de treize ans, Victor Hugo fut placé en compagnie de son frère à l'institution Cordier, qui préparait les candidats à l'Ecole Polytechnique. Mais déjà le démon de la poésie hantait l'esprit du jeune Victor. Pendant les quatre années qu'il passa à l'institution Cordier, il écrivit en prose ou en vers la matière de plusieurs volumes et composa même une tragédie, intitulée *Artamène* et un drame : *Inés de Castro*. Le plan de cette tragédie a été conservé dans les œuvres de Victor Hugo.

Victor Hugo ne fut pas, du reste, un brillant élève : au concours général de 1818 il obtint un *cinquième* accessit de physique. Parmi les lauréats de ce concours figuraient Eugène Burnouf, Sylvestre de Sacy, Elie de Beaumont, Littré, Duchâtel, Cuvillier-Fleury et Victor Hugo, qui tous eurent plus tard leur place à l'Institut !

En 1817, dit Sainte-Beuve, Victor Hugo avait envoyé de sa pension, au concours de l'Académie française, une pièce de vers sur les *Avantages de l'étude*, qui obtint une mention. La pièce du jeune poète de quinze ans se terminait par ces vers :

> Moi qui, toujours fuyant les cités et les cours
> De *trois lustres* à peine ai vu finir le cours.

Elle parût si remarquable aux juges qu'ils ne purent croire à ces trois lustres, à ces quinze ans de l'auteur, et pensant qu'il avait voulu surprendre la religion du respectable corps, ils ne lui accordèrent qu'une mention au lieu d'un prix. Un des amis de Victor, qui assistait à la séance de l'Académie, courut à la pension Cordier avertir son camarade qui était en train de faire une partie de barres et ne songeait plus à ses vers. Victor prit son extrait de naissance et l'alla porter à M. Raynouard, qui avait fait le rapport sur le concours. Celui-ci fut stupéfait, mais il était trop tard pour réparer la méprise.

Aux Jeux Floraux de Toulouse, Victor Hugo fut plus heureux : trois années de suite il fut couronné et le 3 mai 1820 il fut nommé maître ès-Jeux Floraux et déclaré hors concours. Parmi les rivaux que Victor Hugo avait à vaincre, et qu'il avait vaincus, figurait Lamartine qui avait concouru en 1819 avec une ode sur le *Rétablissement de la statue d'Henri IV*. Victor Hugo remporta le lis d'or avec sa pièce de vers sur le même sujet.

Désormais, il ne fallait plus songer à l'Ecole Polytechnique : la vocation littéraire l'emportait et le général Hugo eut le bon sens de ne pas empêcher son fils de la suivre. Le jeune homme était pauvre, mais le roi Louis XVIII, qui appréciait son talent, et, plus encore peut-être, les sentiments royalistes qu'il affichait en ce moment, encore tout imbu de l'éducation maternelle, lui accorda une pension de mille francs. On raconte aussi à ce sujet une anecdote qui fait honneur à la fois au poète et au roi. Après la conspiration de Saumur en 1821, Victor Hugo offrit un asile à un des conspirateurs, nommé Dalon. Sa lettre fut décachetée par la police, mais Louis XVIII, touché de la générosité courageuse du poète, non seulement défendit qu'on l'inquiétât, mais lui donna la première pension vacante.

Cette pension arrivait fort à propos. Victor Hugo venait de perdre sa mère et il était cependant amoureux d'une compagne de son enfance, Mlle Adèle Foucher. Les parents, d'abord opposés au mariage, le permirent, et le poète, à peine âgé de vingt ans, épousa celle qu'il aimait. Avec 1,000 francs de rente et du génie on pouvait entrer en ménage en 1822. Voici la copie de l'acte de mariage :

« Le 12 octobre 1822, après la publication des trois bans en cette église et d'un seul en celle de Blois, vu la dispense des deux autres, les fiançailles faites le même jour, ont reçu la bénédiction nuptiale VICTOR-MARIE HUGO, membre de l'Académie des Jeux Floraux de Toulouse, âgé de vingt ans, demeurant de droit et de fait à Blois, diocèse d'Orléans, fils mineur de Joseph-Léopold-Sigisbert Hugo, maréchal des camps et armées du roi, chevalier de l'ordre royal et militaire de Saint-Louis, officier de la Légion d'honneur et commandeur de l'ordre royal de Naples, et de défunte Sophie-Françoise Trébuchet, son épouse, d'une part;

» Et ADÈLE-JULIE FOUCHER, âgée de dix-neuf ans, demeurant de droit et de fait rue du Cherche-Midi, n° 39, de cette paroisse, fille mineure de Pierre Foucher, chef au ministère de la guerre, chevalier de la Légion d'honneur, et de Anne-Victorine Asseline, son épouse, d'autre part;

» Présents et témoins: Jean-Baptiste Biscarrat, Alfred-Victor comte de Vigny, Jean-Baptiste Asseline, Jean-Jacques-Philippe-Marie Duvidal, lesquels ont signé avec les époux et leurs père et mère;

» Ont signé: *Victor-M. Hugo, A.-J.-V.-M. Foucher, comte Alfred de Vigny, Fouché, Biscarrat, Eugène Hugo, Duvidal, marquis de Montferrier, Asseline, V.-A. Fouché, A. Hugo, Victor Fouché, A. Asseline, Deschamps, Loumet, Fessard, Dumas, vicaire.* »

Nous nous sommes quelque peu étendus sur l'enfance et la première jeunesse de Victor Hugo, sachant combien le public s'intéresse aux premiers pas dans la vie des hommes illustres; mais à partir de ce moment nous allons brûler les étapes, car à mesure que Victor Hugo avance en âge, sa carrière est de plus en plus connue de tous ceux qui, en France, savent lire.

En 1822 avait paru le premier volume des *Odes*, qui fut

bientôt suivi de *Han d'Islande* (1823), du second volume des *Odes* (1824), de *Bug-Jargal*, du troisième volume des *Odes* et des *Ballades* (1826) et enfin de *Cromwell* (1827), un drame qui n'a jamais été représenté et qui n'a point été composé pour la représentation, mais dans la préface duquel Victor Hugo développa la poétique de l'école romantique, dont il était le chef incontesté, et jeta le gant aux classiques.

Les *Orientales*, qui parurent un peu après *Cromwell*, marquèrent définitivement l'évolution de son talent, qui jusqu'alors était resté classique de forme, sinon de pensée. Le succès de cet admirable volume de vers fut prodigieux.

Mais c'est au théâtre que Victor Hugo brûlait de l'affirmer, et autour de lui les admirateurs de sa jeune gloire, les néophytes de la nouvelle école juraient de vaincre ou de périr. Un drame de Victor Hugo, *Marion Delorme*, reçu à la Comédie-Française, fut interdit par le ministre, comme présentant le roi Louis XIII sous un jour défavorable. Mais *Hernani* fut plus heureux.

Le 25 février 1830 (Victor Hugo avait juste vingt-huit ans), eut lieu cette première représentation de *Hernani*, demeurée célèbre dans les annales du théâtre français et qui mérite bien qu'on lui consacre quelques lignes.

Des deux côtés, du côté des classiques comme du côté des romantiques, on s'était préparé à la lutte. Victor Hugo refusa l'appui des claqueurs ordinaires; il avait mieux. Cinq cents affidés, munis d'une carte spéciale sur laquelle était écrit un mot de passe mystérieux (*Hierro* : du fer!), devaient s'installer dans la salle pendant la journée. Dès une heure de l'après-midi, les passants de la rue Richelieu virent s'accumuler à la porte du théâtre une bande d'êtres farouches et bizarres, barbus, chevelus, habillés de toutes les façons, excepté à la mode; une vareuse, un manteau espagnol, un gilet à la Robespierre, une toque à la Henri III, ayant tous les siècles et tous les pays sur les épaules et sur la tête, en plein Paris, en plein soleil. Les bourgeois s'arrêtaient, stupéfaits et indignés. M. Théophile Gautier, surtout, insultait les yeux par un gilet de satin écarlate et par l'épaisse chevelure qui lui descendait jusqu'aux reins. C'étaient tous les *bousingots* et tous les *Jeune-France,* venus pour applaudir et pour mettre à la raison les bourgeois endurcis et imbéciles qui refuseraient leur admiration à *Hernani*.

Ils ne s'en firent point faute : la victoire fut disputée cependant : pendant les entr'actes, il y eut des banquettes brisées, des chapeaux enfoncés, des horions échangés, mais la victoire resta aux romantiques, et le lendemain tous les journaux, même les plus hostiles, rendaient hommage à la haute valeur du poète, dont quelques-uns condamnaient pourtant les tendances avec une violence inouïe.

*Hernani* eut soixante représentations presque aussi tumultueuses que la première. On applaudissait et on sifflait souvent au hasard, même des choses qui n'étaient pas dans la pièce. Théophile Gautier raconte que lorsque Hernani s'écrie : « Vieillard stupide ! » on entendit : « Vieil as de pique ! » Et comme son voisin faisait des réserves sur l'expression, Gautier lui soutint et lui prouva que « vieil as de pique » était un chef-d'œuvre. Quand la pièce parut imprimée, il chercha le « vieil as de pique », et fut désappointé de ne point le trouver.

Au nombre des œuvres de Victor Hugo, il convient de citer aussi un drame qu'il composa en société avec M. Ancelot et qui fut représenté avant *Hernani*. Ancelot seul avait signé ce drame, dont le titre était *Amy Robsart* et qui fut, du reste, vertement sifflé par le public de l'Odéon. Le lendemain, Victor Hugo réclama courageusement sa part de collaboration; mais la pièce ne fut jamais imprimée et n'eut qu'une seule représentation.

Quoi qu'il en soit, après *Hernani*, la victoire était acquise à l'école romantique, et de 1830 à 1841 une longue suite de chefs-d'œuvre vint accroître et consacrer la renommée de Victor Hugo.

Ce fut d'abord, un an après *Hernani*, cet admirable roman de *Notre-Dame de Paris*, évocation si vivante et si émouvante à la fois de la fin du moyen âge, des mœurs, des idées, du langage du xve siècle. Ce fut la représentation de *Marion Delorme* quelques mois après *Hernani* à la Porte-Saint-Martin, puis les volumes de poésies des *Feuilles d'Automne*, des *Chants du Crépuscule*, des *Voix intérieures*, des *Rayons* et des *Ombres*. Au théâtre, à *Marion Delorme* on vit succéder le *Roi s'amuse*, *Lucrèce Borgia*, *Marie Tudor*, *Angelo*, *Ruy-Blas*, puis encore *Claude Gueux*, l'*Étude sur Mirabeau*, les *Lettres sur le Rhin*, etc.

C'est dans cette année 1841 que Victor Hugo, en pleine possession du sceptre littéraire en France, attaqué encore avec une ardeur et une âpreté indomptables par quelques-uns, mais ayant depuis longtemps imposé au public l'admiration pour son génie, força enfin les portes de l'Académie française, qui l'avait repoussé une première fois, lui préférant M. Flourens, en 1840. Le 3 juin 1841, Victor Hugo prit possession du fauteuil de Népomucène Lemercier. Son discours fut moins littéraire que politique, et l'on put dès lors pressentir que Victor Hugo ne se confinerait pas dans les lettres et qu'il avait l'ambition de jouer un rôle dans la vie publique de son pays.

Jusqu'à ce moment, ses opinions avaient subi des fluctuations qui s'expliquent par sa naissance, son éducation et les milieux dans lesquels il avait vécu. Les *Odes* sont empreintes des sentiments royalistes qu'il avait conçus dans son enfance et sa première jeunesse; mais dès 1830 son large esprit s'était ouvert aux idées libérales, et la légende napoléonienne, qui faisait alors battre tous les cœurs jeunes et ardents, l'avait à son tour séduit ; l'*Ode à la Colonne* et *Napoléon II* furent les deux cris sublimes que lui arracha son admiration pour l'épopée impériale.

En 1845, Louis-Philippe le créa pair de France. Son entrée dans la vie politique date de cette époque, mais ce ne fut qu'en 1848 que commença son rôle actif. Il prononça cependant à la Chambre haute un éloquent discours en faveur du rappel des Bonaparte.

En 1843, un terrible malheur de famille avait frappé le poète : il voyageait en Espagne, lorsqu'il apprit la mort de sa fille Léopoldine et de son gendre Charles Vacquerie, noyés à Villequier (Seine-Inférieure) dans une partie de plaisir. Sous l'impression de sa douleur paternelle, le poète composa un grand nombre de poésies qui plus tard formèrent le recueil des *Contemplations*.

Après la révolution de février, Victor Hugo, dont les attaches royalistes n'étaient pas définitivement rompues, parut d'abord en redouter les conséquences et se rattacher au comité réactionnaire de la rue de Poitiers. Il fut nommé à l'Assemblée constituante par la ville de Paris, dans cette liste incohérente qui mit son nom côte à côte avec ceux de Proud'hon, de Changarnier, de Thiers, de Pierre Leroux, de Bonaparte. Les votes le portèrent tantôt à droite, tantôt à gauche. Il repoussa deux fois l'autorisation de poursuites contre Louis Blanc et Caussidière, réclama l'abolition de la peine de mort, refusa de déclarer que le général Cavaignac avait bien mérité de la patrie et rejeta l'ensemble de la Constitution. D'autre part, il appuya le décret contre les clubs, repoussa le droit au travail, l'impôt progressif, le crédit foncier, l'abolition du remplacement militaire, se prononça contre l'amendement Grévy, pour les deux Chambres et pour la sanction de la constitution par le peuple.

Cependant Victor Hugo se rapprochait de jour en jour des idées républicaines. Dans la *préface* des *Odes et Ballades,* parue en juillet 1853, il a expliqué lui-même en ces termes son évolution :

« De toutes les échelles qui vont de l'ombre à la lumière, la plus méritoire et la plus difficile à gravir, certes, c'est celle-ci: être né aristocrate et royaliste et devenir démocrate... Dans cette âpre lutte contre les préjugés sucés avec le lait, dans cette lente et rude élévation du faux au vrai, qui fait en quelque sorte de la vie d'un homme et du développement d'une conscience le symbole abrégé du progrès humain, à chaque échelon qu'on a franchi, on a dû payer d'un sacrifice matériel son accroissement moral, abandonner quelque intérêt, dépouiller quelque vanité, renoncer au bien et aux honneurs du monde, risquer sa fortune, risquer son foyer, risquer sa vie. Aussi, ce labeur accompli, est-il permis d'en être fier... surtout lorsque, l'ascension faite, on a trouvé au sommet de l'échelle de lumière la proscription et qu'on peut dater cette préface de l'exil. »

Si les votes de Victor Hugo à la *Constituante* avaient été incohérents, son attitude fut tout autre à l'Assemblée législative, où il fut élu le dixième sur vingt-huit par le département de la Seine. Un discours qu'il prononça le 9 juillet 1849 marqua le goût nouveau dont il s'était pris pour les questions sociales :

« Messieurs, s'écriait-il, disons-le, et disons-le précisément pour trouver le remède, il y a au fond du socialisme une partie des réalités douloureuses de notre temps; il y a le malaise éternel propre à l'infirmité humaine; il y a l'aspiration à un sort meilleur qui n'est pas moins naturel à l'homme... Vous avez affermi l'État ébranlé encore une fois, vous avez sauvé la société régulière, le gouvernement légal, les institutions, la paix publique, la civilisation à venir. Vous avez fait une chose immense... Eh bien, vous n'avez rien fait! Vous n'avez rien fait, j'insiste sur ce point, tant que l'ordre matériel raffermi n'a point pour base l'ordre moral consolidé. Vous n'avez rien fait tant que le peuple souffre... Messieurs, songez-y, c'est l'anarchie qui ouvre les abîmes, mais c'est la misère qui les creuse! Vous avez fait des lois contre l'anarchie, faites maintenant des lois contre la misère. »

Victor Hugo se plaça bientôt à la tête des orateurs de la gauche. Ses harangues véhémentes contre le président, ses luttes oratoires contre Montalembert excitent l'enthousiasme des uns, le dénigrement passionné des autres. En 1848, il avait fondé un journal, l'*Événement*, qui, supprimé, reparut sous le titre de l'*Avènement*, et lui valut un procès dans lequel, présentant sa propre défense, il obtint un des plus beaux succès oratoires.

Au coup d'État du 2 décembre, Victor Hugo tenta vainement, avec Baudin, Schœlcher, Madier-Montjau, d'organiser la résistance. Exilé un des premiers, il se retira à Jersey avec sa famille et fut même forcé, en 1855, de quitter cette île, avec tous les réfugiés français signataires de l'expulsion de trois d'entre eux. En 1852, il avait publié son célèbre pamphlet de *Napoléon le Petit*, et en 1853 l'admirable recueil de poésies les *Châtiments*.

En 1856 parurent les *Contemplations*, et en 1859 la *Légende des Siècles*, où le génie du poète resplendit plus que jamais. Au moment de l'amnistie de 1859, Victor Hugo refusa de rentrer en France, ne voulant rien devoir à l'Homme de Décembre.

Cependant des chefs-d'œuvre continuaient à se succéder : les *Chansons des rues et des bois* parurent en 1865, les *Misérables* en 1862, les *Travailleurs de la Mer* en 1866, l'*Homme qui rit* en 1869. En 1867, la reprise, enfin autorisée, d'*Hernani* à la Comédie-Française fut pour le poète dramatique l'occasion d'un immense triomphe.

Au 4 Septembre, Victor Hugo rentra triomphant à Paris et reprit son rôle dans la politique active. Le 10 octobre, il se prononça contre la nécessité d'élections municipales immédiates. Lors de l'insurrection du 31 octobre, il figura sur la liste du Comité de salut public proclamé à l'Hôtel-de-Ville, mais il désavoua l'usage que l'émeute avait fait de son nom.

Élu à l'Assemblée nationale par le département de la Seine, Victor Hugo prononça un discours contre la paix et donna sa démission le 5 mars, la droite l'ayant interrompu avec violence lorsqu'il était à la tribune. Quelques jours plus tard, son fils, Charles Hugo, mourait à Bordeaux d'une congestion cérébrale. Victor Hugo ramena son corps à Paris le jour même où éclatait l'insurrection du 12 mars. Il séjourna à Paris pendant la Commune et défendit la colonne Vendôme dans une pièce de vers où il mettait sur la même ligne Versailles, « qui bombardait l'Arc de Triomphe, et la Commune, qui renversait la colonne. » Il se rendit ensuite à Bruxelles, où il fut l'objet d'un arrêté d'expulsion.

Le 7 janvier 1872, il échoua à l'élection complémentaire contre M. Vautrain. En 1874, il fit paraître son roman de *Quatre-Vingt-Treize*. Il fut élu en 1876 sénateur de Paris, et déposa aussitôt une demande d'amnistie, qui ne réunit que six voix. Il remonta à la tribune pour défendre la même cause en janvier 1879. Au 16 Mai, il fit partie du Comité de résistance.

Il publia en 1876 la seconde partie de la *Légende des Siècles*, en 1877 l'*Histoire d'un Crime*, l'*Art d'être grand-père*, en 1878 le *Pape*, en 1879 la *Pitié suprême*.

Depuis quelques années Victor Hugo s'était, pour ainsi dire, retiré de la vie politique. Il vivait pour sa petite famille, entouré de ses petits-enfants, qu'il adorait, ayant perdu l'un après l'autre ses deux fils : Charles Hugo en

1871 et François-Victor Hugo en 1873. Nous avons plus haut parlé de la fin tragique de sa fille Léopoldine. Mme Charles Hugo avait épousé en secondes noces M. E. Lockroy, et ses deux enfants, Georges et Jeanne, ont tenu place dans l'œuvre du poète. Depuis quelques années aussi la gloire littéraire de Victor Hugo, l'admiration universelle qu'excitait son génie le plaçaient pour ainsi dire au-dessus des partis.

Le cinquantenaire d'*Hernani*, le quatre-vingtième anniversaire de sa naissance avait fourni à la France entière l'occasion de rendre hommage au grand poète, et plus récemment encore, à l'occasion de sa quatre-vingt-troisième année, tous les partis oubliaient leurs dissentiments pour apporter à Victor Hugo leur tribut d'admiration.

Comme homme privé, Victor Hugo fut le meilleur des pères et des grands-pères. Son amour pour ses enfants et ses petits-enfants était immense. N'est-ce pas lui qui a dit que le paradis était un lieu où les parents étaient toujours jeunes et les enfants toujours petits? Sa robuste vieillesse, entourée de parents et d'amis affectueux qui le vénéraient, semblait devoir se prolonger encore quand une maladie imprévue est venue le terrasser en quelques jours. La perte est une calamité publique pour la France dont il était l'orgueil, et son génie, rayonnant même en dehors des frontières, fait que la mort de Victor Hugo frappera douloureusement tout ce qui pense en Europe et dans le monde entier.

Comme on l'a dit de Turenne, on peut dire de Victor Hugo : « Il vient de mourir un homme qui faisait honneur à l'homme ! »

SIMPLICE.

# L'ŒUVRE DE VICTOR HUGO

1822. Odes et Ballades.
1823. Han d'Islande.
1825. Bug-Jargal.
1827. Cromwell.
1828. Les Orientales.
1829. Dernier jour d'un condamné.
1830. Hernani.
1831. Marion Delorme.
1831. Notre-Dame de Paris.
1831. Les Feuilles d'automne.
1832. Le Roi s'amuse.
1833. Lucrèce Borgia et Marie Tudor.
1834. Étude sur Mirabeau. — Littérature et philosophie mêlées.
1834. Claude Gueux.
1835. Angelo.
1835. Les Chants du crépuscule.
1836. La Esmeralda (opéra).
1837. Les Voix intérieures.
1838. Ruy-Blas.
1840. Les Rayons et les Ombres.
1842. Le Rhin.

1843. Les Burgraves.
1852. Napoléon le Petit.
1853. Les Châtiments.
1856. Contemplations.
1858. Les Enfants, livre des mères.
1859. La Légende des siècles.
1862. Les Misérables.
1864. William Shakespeare.
1865. Chansons des Rues et des Bois.
1866. Les Travailleurs de la mer.
1868. La Voix de Guernesey.
1869. L'Homme qui rit.
1870. Lucrèce Borgia.
1872. L'Année terrible.
1873. Le Libérateur du territoire.
1874. Mes Fils.
1875. Quatre-Vingt-Treize.
1875. Pour un Soldat.
1875 } Avant l'exil, pendant l'exil, depuis l'exil (professions
1876 } de foi, discours).
1876. La Légende des Siècles (2e partie).
1877. L'Art d'être grand-père.
1878. Le Pape.
1879. La Pitié suprême.

Bordeaux. — Imp. G. Gounouilhou, rue Guiraude, 11.

Bordeaux. — Imp. G. Gounouilhou, rue Guiraude, 11.

www.ingramcontent.com/pod-product-compliance
Ingram Content Group UK Ltd.
Pitfield, Milton Keynes, MK11 3LW, UK
UKHW022157260726
13993UKWH00005B/2422